画
堂
香
事

画堂香事

孟　晖

南京大学出版社

图书在版编目(CIP)数据

画堂香事/孟晖著. 一南京:南京大学出版社,2012.7(2018.3重印)
ISBN 978-7-305-09664-8

Ⅰ.①画… Ⅱ.①孟… Ⅲ.①香料—风俗习惯–中国
Ⅳ.①K892.29

中国版本图书馆CIP数据核字(2012)第022537号

出 版 者　南京大学出版社
社　　　址　南京市汉口路22号　邮　编　210093
网　　　址　http://www.NjupCo.com
出 版 人　金鑫荣

书　　　名　**画堂香事**
著　　　者　孟　晖
责任编辑　杨全强　芮逸敏

照　　　排　南京紫藤制版印务中心
印　　　刷　南京爱德印刷有限公司
开　　　本　787×1092　1/32　印张6.375　字数111千
版　　　次　2012年7月第1版　2018年3月第4次印刷
ISBN 978-7-305-09664-8
定　　　价　45.00元

发行热线　025-83594756
电子邮件　Press@NjupCo.com
　　　　　　Sales@NjupCo.com(市场部)

目　录

这是明代人所想象出的屈原时代的香草佩饰——香草玦。
（明・方于鲁《方氏墨谱》）

香 之 事

极度失意的屈原，曾经在幻想中寻找爱情的慰藉：他想象，自己来到洛水边，从身上解下香草做成的佩饰，托神使交给洛水女神宓妃，用这芳香的含情的礼物表达自己对女神的一腔倾慕。

《离骚》中的这一情节，连同屈原的其他作品一道，无意中，反复地展示着古代中国的爱情与欲望，始终是缭绕在芳香之中，被香气所莹润，和激荡。

今天，我们静下心，重新回头去品味往日生活，应当发现，古典中国的情感世界，也恰是香气弥漫的世界。所有那些响亮著名的名字，那些动人的传说与史实，那些或澎湃或婉转的情与欲，都在一缕暗香中生辉……

香　囊

维士与女,伊其相谑,

赠之以勺药。

——《诗经·郑风·溱洧》

　　春天来了,恋爱的季节来了! 让我们到山坡上,到河边,采集芬芳的花草,送给新相识的可爱人儿!

　　早在《诗经》时代的春天,爱情就已经是这样的风格了:年轻人集体到野外去,采集天然的各种香草,一边采集一边对歌,游戏。当情感在歌声中绽放的时候,有情人就会把刚刚摘到的香花香草送给心仪的对象。

折芳馨兮遗所思。

——战国·屈原《九歌·山鬼》

手持香草、等待心上人的水神湘君。(元·张渥《九歌图·湘君》)

山中之神"山鬼",也在奔赴
约会的路上,为情人采摘香
花。(清·罗聘《山鬼》)

对先秦时代的人来说，用芳香的花草作为礼物送给恋人，是最固定的传情方式，好像那时根本就没有离了香花香草的爱情。于是，在他们的观念中，即使是威严、伟大的天地之神，一旦被爱情征服，也会意绪缠绵地去采摘香草，送给心上之人。在楚辞中，我们就看到了一个个神秘的身影，湘君、山鬼……都曾经怀抱香花，等待情人。

　　　何以致叩叩，香囊系肘后。

　　　　　　　　　　——三国·繁钦《定情诗》

含情脉脉的男男女女，一个个都是遍体芬芳。古人重视对香花香草的采集，本意正是为了让人、让生活洁净、清香。因此，把香料佩带在身上，让人的身体终日萦绕在香气之中，这是古代生活中最普遍的作风。

从楚辞中的许多诗句来看，楚人是从野地里采来新鲜的香花香草，编、串成花环、花链等形式，直接佩带在身上，接近今日夏威夷等热带地区的风俗。不过，大多数情况下，人们是把阴干的香草盛在精美的丝袋里，这就是香囊。马王堆就出土了一枚香囊，囊袋以精美的绮做成，绣着雅丽的花纹，出土时，囊中仍

马王堆出土的绣绮香囊，内里满盛两千年前西汉时代的植物香料。

然装满植物香料。

这枚香囊缝有细长的系带。繁钦的《定情诗》，传递了两千年前的时尚信息：把香囊系在肘臂下，让它藏身在袖子中，把微香悄悄从袖筒中向外放送。袖底生香，那魅力是既含蓄又诱惑。

佩带盛有香草的香囊，并不是女性的专利，在男子中也一样普遍。据说，在汉代宫廷中，尚书郎必须"怀香袖兰"，这样一身香气地侍奉天子。

香囊也常被系在裙带上、衣带上，或系在胸前、怀中。作为贴身之物，它藏在衣裳的内里，用香气亲近着人的肌肤。把这样一个带着自己体温的芳香饰物送给心中人，世上难道还有比这更深情的举动吗？于是，香囊，在千百年的时光中，就被无数次地从一只含情脉脉的手递到另一只含情脉脉的手中。

这位少女敞开的
大袖中,显露出悬
系在肘后的香囊。
(南朝模印仕女画
像砖,江苏常州戚
家村出土)

北朝一尊菩萨像,在胸前垂挂着香囊。(河北曲阳修德寺遗址出土)

唐传奇《飞烟传》中,步非烟就赠给倾慕者赵象一枚"连蝉锦香囊",少年的赵象将这香囊结系在怀中,并且回信说,因为"芬馨盈怀",所以"翘恋弥切",对她的感情更热烈了。

香囊于是见证了无数的悲伤和欢乐。有的时候,斯人已逝,作为见证的香囊却残香未绝,散发着屡屡余芬,像是在呼唤昔日欢乐的记忆,这就让痴情者更增悲切。

传说,杨贵妃死后被草草葬在马嵬坡。安史之乱平定后,唐玄宗派人去为之迁葬,这时,人们发现,遗体的胸前仍然系着一枚富

东汉时代的"金池凤"锦香囊。
（新疆东汉时期墓出土物）

贵荣华日子里的锦香囊。当差的宦官把这枚锦香囊带回给唐玄宗，唐玄宗就将这香囊或系在袖中，或系在怀中，以慰思念之情。

　　　　红罗复斗帐，四角垂香囊。

　　　　　　　　　　——东汉·乐府《孔雀东南飞》

　　香囊不仅是情感的证物，更是爱欲的助媒。它被挂在床帐上，让温柔之乡被芬芳所笼罩。十六国时，后赵国主石虎在露天澡堂中设的大帐就极尽奢侈，帐顶正中安设一朵金莲花，花中

贵妇坐在华帐下，帐中心及四角都安有莲花，香囊就藏在莲花中。（十六国时期冬寿墓壁画）

悬挂一个金箔织成的丝囊，有三升的容量，而这样大的丝囊正是用来盛香的。另外，帐的四边也装了一共十二个香囊，同样是纹饰华丽。

在我们都熟悉的《孔雀东南飞》中，被迫回娘家的刘兰芝，在临行前，把"四角垂香囊"的"红罗复斗帐"留给了丈夫。就是在这一顶含香蕴麝的床帐中，这对少年夫妻度过了恩爱燕尔的夜晚啊！因此，刘兰芝那一刻的心情是非常复杂的。她不愿意把这顶香帐带回娘家，徒增思念的痛苦；可是，她也知道，假如焦仲卿再娶，新人的嫁妆中，一定会有象征着新开始的新床帐。于

小香囊。(新疆东汉时期墓出土物)

是,她强忍伤痛,对即将分手的丈夫说:把这垂着香囊的红罗帐,连同我所有的东西,都送人吧! 我们再也难以相见了,只有心中彼此长相忆!

兰 汤

浴兰汤兮沐芳，华采衣兮若英。

——战国·屈原《九歌·云中君》

让身体散发动人的香气，不仅仅依靠佩带香囊。在加热洗澡水的时候，把香草投到洗澡水中，煮成香喷喷的"香汤"，然后用来清洗身体，也是很尊贵的一种美容方式。

屈原《九歌》中的《云中君》，描写古代楚地的女巫在举行祭祀之前所做的准备："用兰草熏煮的热水洗浴啊，沐染造化的芳香；穿上彩色绚丽的衣裳啊，就像鲜花一样！"她就这样翩翩起舞，模仿雨水之神——虹神在大雨过后横跨天空的华彩。

大约从夏代开始，人们就有在阴历五月采集兰草，用兰汤洗浴身体的习俗，认为兰汤可以治风病、祓除不祥。所以，一直

楚地的女性,可能是一位女巫。(战国楚墓出土帛画)

马王堆出土的多种天然植物香料。

到宋代,五月五日的端午节也被叫做"浴兰节",而兰草也就得到了另一个美称"香水兰"。也因此,在古典文学中,洗浴用的热水,特别是用香料熏煮过的洗浴用水,就总是被称为"兰汤"。

教移兰烛频羞影,自试香汤更怕深。

初似洗花难抑按,终忧沃雪不胜任。

——唐·韩偓《咏浴》

裸体,特别是女人裸体,沐浴在热气腾腾、芬芳氤氲的香水

赵飞燕以善舞著称。（江苏铜
山西汉墓出土女舞俑）

中，这情景总是拨撩的，是让人要想入非非的，于是，香汤就不可避免地与情欲，与一些艳情的传说天然地发生了联系。

历史上有一对著名的美女姐妹，赵飞燕与她的妹妹赵合德，两个女人同时受到了汉成帝的宠爱，飞燕立为皇后，而合德被封为昭仪。传说，这二人为了博得君王的长久恩宠，处处展开激烈的竞争。她们都用最讲究的香汤浴身，赵飞燕"浴五蕴七香汤"，而赵合德则是用荳蔻香来煮汤洗身。有一次，赵合德如此

汉代的灯造型华美,构思奇异。这一只铜朱雀灯,曾经照亮汉代贵族们的夜晚。(河北满城西汉窦绾墓出土)

夜浴的时候,恰好被汉成帝撞见,她明玉一般莹洁的身体让皇帝不胜颠倒,无比迷恋。此后,每逢合德在专为她修建的"浴兰室"中洗浴,汉成帝总是悄悄赶来,沉迷地偷窥妃子在香汤中的裸体。在鎏金铜灯的光焰中,在香腾腾的水汽里,迷离着一位帝王痴情的目光……

汉代九子奁——圆盒中装满形式多样的小盒,小盒中则是各种梳妆用具、化妆品,形成全套的美容系列。(西汉马王堆出土物)

赵合德

赵合德很会施展魅力。(明·佚名《历代百美图》)

椒　房

红泥椒殿缀珠珰,帐麓金龙窣地长。

——唐·和凝《宫词》

对于心仪的美人,帝王会专门为她修筑芳香的殿堂。在《九歌》的《湘夫人》一篇中,湘君就用各式各样的香木、香草盖起一座华堂,等待湘夫人的来临,而这华堂的墙壁,是用芳香的花椒子涂抹而成。花椒在古代被当做重要的香料,用椒子和泥作为墙壁的涂料,是让宫殿生香的重要方法。春秋时,著名的美女西施,与郑旦一起被献到吴国之后,吴王夫差就特意修筑了"椒华之房",让她二人居住。

到了汉代,未央宫有椒房殿,是皇后的住处。有意思的是,花椒的辛香中,还搀杂了同性情欲的色彩:汉哀帝迷恋美少年

西施。（明·佚名《千秋绝艳》）

陶质楼阁模型。(东汉)

董贤,爱屋及乌,将董贤的妹妹也立为妃子,名号为昭仪,地位仅次于皇后;她所住的宫殿也被改名为"椒风殿",以与皇后的椒房殿相抗衡。汉哀帝这样做,无疑是出于对董贤的一往情深。

晋代的石崇虽然不是帝王,但他富可敌国,也用椒子和泥来涂刷宅邸的墙壁。所以,著名的悲剧美人绿珠,也曾经居住在椒香微微的堂阁中。

由这些典故,而衍生出"椒房"、"椒殿"、"椒兰院"等多种词汇,都是指称皇家后宫。"椒阁",则被作为女性闺房的美称。

多少富贵春宵,是在花椒子的温辛香气中流逝!

绿珠。（明·佚名《千秋绝艳》）

战国楚墓中发现的花椒。

谁言琼树朝朝见，不及金莲步步来。

——唐·李商隐《南朝》

可是，西施、绿珠的华堂，相比南朝几位千古丽人的殿阁，却要黯然失色。南齐东昏侯是著名的昏君，他宠爱美丽的潘贵妃，特意为她营建神仙殿、永寿殿、玉寿殿三座宫殿，竟然用珍贵的麝香掺在涂料中粉刷墙壁，比起椒泥涂壁的旧风气来，可以说是鸟枪换炮了。

踏莲而行的潘
贵妃。(明·佚名
《历代百美图》)

唐代的莲花纹方砖。(河南洛阳上阳宫遗址出土)

　　东昏侯还下令,用黄金凿成莲花纹样,贴饰这三座香殿的地面。他殷勤地亲自扶着潘妃在金色莲纹上行走,然后赞美说:"这就是步步生莲花呀。"作为一国之君,这位皇帝实在是糟糕透顶,但是,他却是个很多情风流的人物。"步步生莲"这个流传千古的著名典故,正是在他的设计、导演之下,伴随着麝香氤氲而诞生的。

　　　　璧月夜夜满,琼树朝朝新。

　　　　　　　　　　——南朝·佚名《玉树后庭花》

临栏理发的张丽华。（明·佚名《历代百美图》）

南朝贵妇与侍女。(河南邓县南朝墓出土画像砖)

另一个南朝昏君陈后主,为美人张丽华建造的香阁甚至更加奢丽。他在陈宫中建起了临春、结绮、望仙三座高阁,大小几十个房间,窗扇、壁带、悬楣、栏杆护槛,都用沉香木和檀香木制作。只要稍微有一丝轻风吹过,这三座高阁所散发的香气,就在数里之外都能闻到。陈后主自己住在临春阁,张丽华则住结绮阁,此外还有龚、孔二贵嫔居望仙阁,三阁之间构筑了长长的二层楼廊以便相往来。

张丽华光彩照人,举止娴雅,有一头长近垂地的漆黑发丝,她经常在结绮阁上,坐在沉香、檀香的栏杆前对镜梳妆,远远望去,就如神仙一般,让人感到美不可及。

靡靡之音《玉树后庭花》,也正是在这香气四播的辉丽高阁上奏响。陈后主与张丽华等众多美人,以及一帮善于作诗赋文

崇楼高阁。（明·仇英《仿宋人画册》）

的文臣,经常在香阁上举行优雅的宴集,此时常会让宫女们歌唱《玉树后庭花》与《临春乐》等曲,赞颂张丽华的美貌无比。

　　江南烟雨,六朝风流,演尽了人间的骄奢淫靡,在一片香风袅娜之中。

博山香炉

欢作沉水香，侬作博山炉。

——南齐·童谣《杨伴儿》

赵飞燕与赵合德两姐妹，像一切女人之间的关系一样，紧张而微妙。在传说中，赵合德更有心计，对于自己位居皇后的亲姐姐，她也知道容让、尊敬。比如，她会送上贵重的礼物来讨好皇后姐姐，这一份礼物清单保留至今，其中，有一件"五层金博山香炉"。

在皇宫大殿上，在贵族的华宅中，在幽深的闺阁里，总是有香炉在静静焚香。马王堆的一件彩绘陶熏炉，出土时炉内仍然盛放着高良姜(杜衡)、辛夷等香草，就是这一风俗的明证。

兰蕙等植物香料，大量地在香熏炉中静静焚灭，化做一缕缕香魂，引起了文学中"香风难久居，空令蕙草残"、"兰以芳自焚"、"哀薰草之见焚"的一再感叹。

西汉的错金铜博山香炉(河北中山靖王刘胜墓出土),赵氏姐妹之间,
曾用这东西来联络感情。

马王堆西汉墓中的一件彩绘熏炉,炉内仍然盛放着当年的杜衡等香草。

王者香

　　芳香的人生，最初是借助各种香花香草来完成的。古代的中国，是一片造化赐福的丰饶土地，"十步之泽，必有香草"(汉刘向《说苑》)，大自然中处处都有植物散发着芳香，女性需要香料的时候，走到林间水畔，就可以摘来泽兰、蕙草、杜衡等天然芳香植物。

　　兰草在古代是最重要的香草，因此获得了极高的地位，被目为"国香"，更为孔子赞为"王者香"。不过，这不是今天所说的"兰花"，而是泽兰，一种菊科植物。

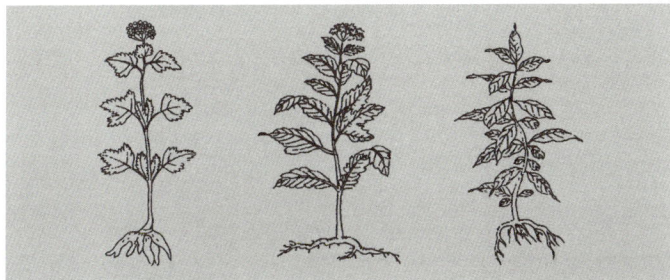

兰草、泽兰、蕙草。(《本草纲目》)

屈原在悲愤当中,曾经慨叹:他开辟了一片芳香的园圃,种满了香花香草,本来等待着收获,结果园圃荒芜,众芳枯萎。

诗人在这里是比喻他政治生活中的失意,但是,这个比喻,确实植根于生活的真实。人工种植香草,特别是人工种植泽兰,从很早就开始了,并且被视为是女子的专利。在汉代,有"男子树兰,美而不芳"的说法,人们认为,兰与男子"情不相与往来也",就是说,兰草与男性的阳刚气质天然地互相抵触。只有由女性亲手种植出来的兰草,才会有鲜明的香气,所以兰草又被称为"女兰"。

有天然、蕙质兰心。美韶容、何啻值千金。

——宋·柳永《离别难》

在兰草之外,还有一种很重要的香草——蕙草,又叫薰草、佩兰、零陵香。由兰和蕙这两种最为人喜爱的香草,产生了"蕙质兰心"、"兰心蕙性"等词,用以比喻女性心地的高洁,性情的美好。

春晖开禁苑,淑景媚兰场。

映庭含浅色,凝露泫浮光。

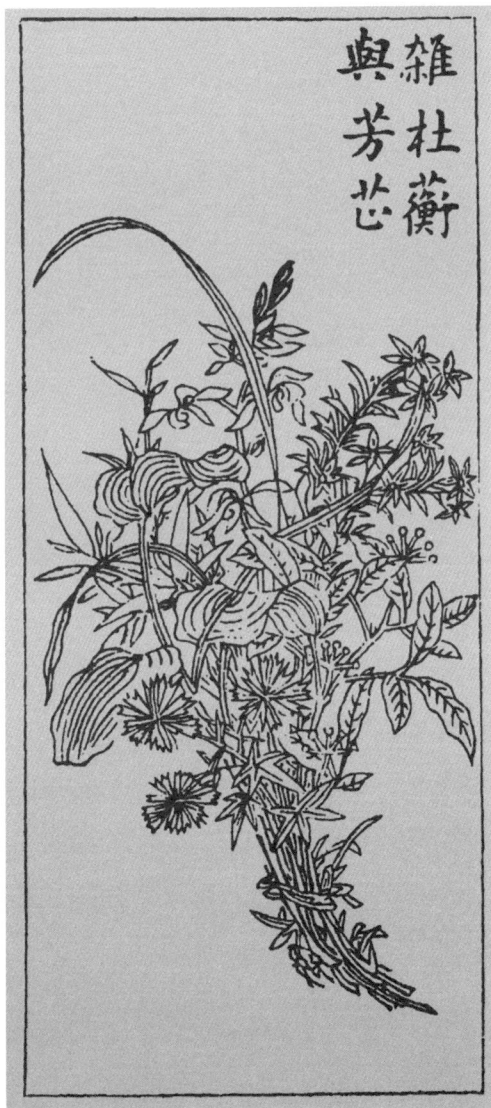

《方氏墨谱》以《离骚》
中的"杂杜衡与芳芷"
之句,制成一墨。(明·
方于鲁《方氏墨谱》)

黛玉葬花——女性总是与香花美草相连在一起。(清·费丹旭《十二金钗图册》)

日丽参差影,风传轻重香。

会须君子折,佩里作芬芳。

——唐·李世民《芳兰》

　　一直到唐代,皇宫、贵族府邸中都普遍种植各种香草,这样,既装点了庭院,又可以随时供采摘使用。正如李世民的《芳兰》一诗所写,香兰茎叶散发的清芬,为风所携送,吹沐着千年前的汉唐宫苑。

清人袁江的《沉香亭图》展现了唐代宫苑的壮丽。

异国的香料往往是通过骆驼队万里运输而来。(陕西唐郑仁泰墓出土)

异国名香

行胡从何方？列国持何来？

氍毹、毾𣰆、五木香，

迷迭、艾纳及都梁。

——古乐府歌

　　在汉代以后，随着陆上丝绸之路和海上航运线的开辟，远产自东南亚、印度、非洲、东罗马、西亚和西域地区的各种香料，都能够通过陆路和海路，辗转来到长安。中国人的生活中，由此充满了从异国传来的遥远芳香。

　　来自热带地区的天然香料，以及来自西亚等地的经过加工、提炼的香油、复合香料制品，其浓郁芬芳，远非兰蕙等香草所能相比，一下就征服了中国人的心。从东汉开始，异国来的香料，成了高级香料的同义语，也成了奢侈生活的象征。

桂花。（明·孙克弘《百花图卷》）

　　李纨忙笑道："蘅芜院更利害。如今香料铺并大市大庙卖的各处香料香草儿，都不是这些东西！算起来比别的利息更大。怡红院别说别的，单只说春夏天一季玫瑰花，共下多少花；还有一带篱笆上蔷薇、月季、宝相、金银藤：单这没要紧的草花，干了卖到茶叶铺药铺去，也值几个钱。"

——清·曹雪芹《红楼梦》第五十六回

　　天然的香花香草也仍然备受人喜爱，只不过，人们逐渐发现了更为鲜艳娇人、更为馥郁芬烈的花草，如桂花、茉莉、蔷薇

持手帕的清代女性。明清时的手帕
饰有精美的绣花或花边,缀着排穗,
十分考究。(清·佚名《仕女图》玻璃
油画)

等等的花朵,薄荷的叶,以及香橼、佛手、木瓜等清香的果实,
到了明清时代,都成为闺阁生活中一日不可或缺的角色。

> 妆罢彩丝穿就。式仿晶圆,影透月小,鼻观清芬参透。
> ——清·懒云山人《百宜娇》咏名妓玉红所赠茉莉花球

甚至最古老的风俗,也以奇特的方式依稀再现着。清代的
名妓们中流行着一种风气:亲手用茉莉花串成花球、同心结,裹
在手帕中,当做传情信物,送给她所特别钟情的客人。

临镜晨妆,镜旁小盘中有新摘的花朵,那是为了她簪戴在发髻上的。(清·佚名《乾隆妃梳妆图》)

香之容

　　那被金屋藏娇的华贵美人，一身上下可以何等的芳气缤纷？

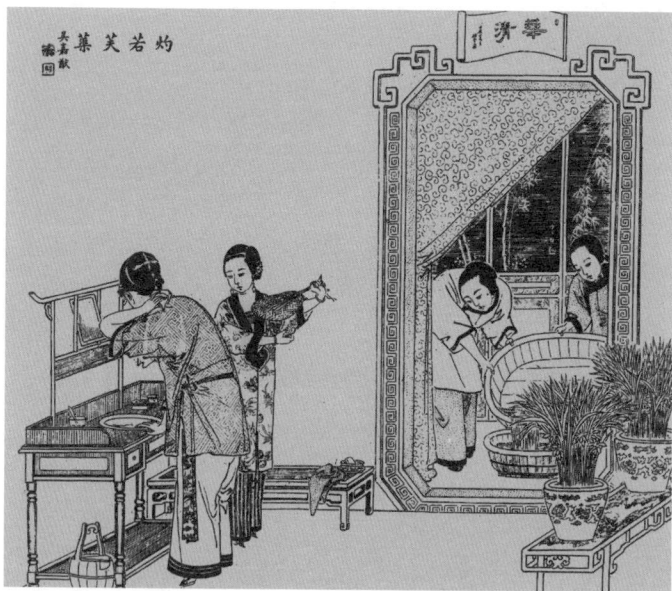

美人浴罢，帘下，仆妇在清理洗澡水。古时洗澡一般都使用木制澡盆。（清·吴友如《吴友如画谱》）

澡　豆

　　她在洗手、洗脸、沐发、浴身的时候,会使用一种特制的清洁品——澡豆,作用相当于肥皂。澡豆都有香料成分,《千金方》中记载了一种高级澡豆的配方,竟要用丁香、沉香、青木香、麝香等贵重香料,连同桃花、李花、红莲花、樱桃花等十种香花,一一捣碎;再把珍珠、玉屑捣成细末,将这些原料与钟乳粉、大豆末掺在一起。用这样奢侈的澡豆来洗手面、臂膊等处,皮肤会变得光净润泽。

明代宫廷使用的金肥皂盒,已经具有与现代肥皂盒相同的形制——盒分内外两层,内层底上有孔,放入刚使用过的肥皂,皂水可以通过底上的孔眼流到外层套盒中去。这套金皂盒从定陵出土时,盒内仍然放有变黑的圆形肥皂。

茉莉花香皂

不过,到了明清时期,香皂基本上取代了澡豆,据说"皂之佳者,一浴之后,香气经日不散",比如《金瓶梅》中,西门庆家使用"茉莉花肥皂",这是用捣烂的茉莉花或茉莉花露调配而成的香皂;清宫中的后妃们则使用宫内御方特制的玫瑰香皂,是以玫瑰花、玫瑰露为配料制成。这样精致的皂儿,又怎能不沾体生香?

作为摊贩标志的青伞上,悬挂着"出卖真正香肥皂"的幌子。同样悬在青伞周缘的幌子,还有"出卖花椒胡椒"、"出卖包儿细茶"等。

明代人物画家吕文英模仿宋代的"货郎图"题材,创作了一套四季组画,以装饰性的风格来描绘理想化的货郎形象。但是,现实生活的影子仍然活跃在这组作品中,如"春"一幅,货郎担上就挂着"出卖真正香肥皂"的幌子,反映了香皂在明人生活中的普遍使用。

傅身香粉

扑粉更添香体滑。

——唐·韩偓《昼寝》

洗浴过后，她会用"傅身香粉"来擦遍身体，达到全身保养的效果。比如有一种"梅真香"，是用零陵香叶、甘松、白檀香、丁

豪华的錾花银粉盒中，仍然保存着宋代的粉扑与粉。(宋墓出土物，江西德安县博物馆藏品)

香、白梅末及脑麝少许,研成细末,掺在一起。这样的擦身粉可真够金贵的。那时的人有一种理论:坚持以香粉擦身,不仅可以让皮肤光洁白皙,而且可以让香气一点点地逐渐渗入肌肤之内,使人的身体自然地蕴涵芳香。因此,在临睡前,闺阁中的人儿都要在胸、背、臂等处厚擦香粉,作为一种滋养身体的方式。

唐宋时代,女性夏季使用的防汗祛味的爽身香粉中常添加胭脂,使之微呈粉红,接近人体的自然肤色。遍身擦了微红的香粉,淡粉色的肌肤从轻纱的衫袖中隐约透映出来,便格外显得有诱惑力:"忆得双文衫子薄,钿头云映退红酥"(唐·元稹《杂忆》)。这样的人儿一旦出汗,那汗不仅发香气,而且略带红色,会染红轻纱的夏裳:"退红香汗湿轻纱,高卷蚊厨独卧斜"(唐·薛能《呈姬》)。伊人用粉扑沾着粉红的香粉,向身上扑粉,自然的,把粉扑也染成了红色,这一细节,也被男性诗人们看在眼

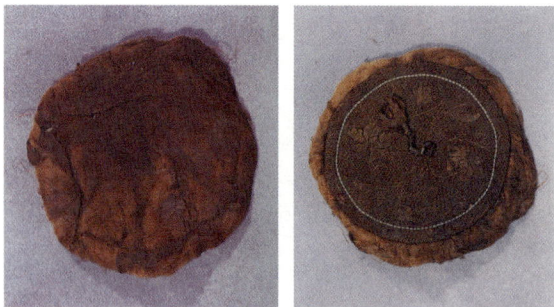

绸粉扑。(元墓出土物)

里,记在心上:"朱唇素指匀,粉汗红绵扑"(唐·白居易《和梦游春诗一百韵》)。

《开元天宝遗事》中记载,杨贵妃每到夏日总是穿着轻纱的衣裳,一旦出汗,汗水竟是"红腻而多香",用手帕擦汗,帕子便会被染成桃红色。显然的,杨贵妃的爽身香粉掺有胭脂,因此才会有芳香的"红汗"这一奇异的现象。

蔷薇露

美人晓镜玉妆台，仙掌承来傅粉腮。

莹彻琉璃瓶外影，闻香不待蜡封开。

——宋·虞俦《广东漕王侨卿寄蔷薇露因用韵》

经典的玫瑰香水原产于遥远的大食(阿拉伯帝国)，从五代开始传入中国，成为了最受珍视的高档美容用品，美称为"蔷薇露"。蔷薇露，总是被灌装在异国风格的玻璃瓶里，玻璃的晶莹，香水的馥郁，倾倒了一代又一代的中国人。

到了宋代，制造玫瑰香水的蒸馏工艺首先传入广州地区，人们利用茉莉花来仿造异域产品"蔷薇露"，虽然在质量上始终比阿拉伯香水逊色一筹，但仍然芳香可人，而且价格更便宜。到了明清时期，这种蒸馏鲜花制作香水的工艺流行开来，因为技术步骤和所用器具比较简单，所以富贵人家都讲究自行蒸制，

宋代闺秀在整妆,她面前是当时流行的豪华镜台,侍女们在周围捧着各种梳妆用品。(河南白沙宋墓壁画)

唐代铜镜中的高档品,在镜背贴有金银、螺钿的花片。(陕西唐墓出土物)

花露就是灌在这样的玻璃瓶中,从遥远的西亚转运而来。(辽陈国公主墓出土)

这样形式的镜台，在宋元时特别流行。（江苏苏州元墓出土物）

清人康涛《华清出浴图》中，杨贵妃出浴后，由宫女把花露舀到她掌中。但是，实际上，花露是在五代时期开始传入中国的，浴后以花露拍体的做法，在唐代还未出现。

三十多种花、叶,都可以蒸香露。（宋·李嵩《花篮图》）

在实践中，人们找到了多种可以蒸馏香水的植物，如蔷薇、桂花、薄荷、荷叶等，这种用花、叶蒸馏而成的香水，就叫花露、香露。

清人李渔就提倡，女性在洗面、浴身之后，用一些花露匀拍在面上、身上，"此香此味，妙在似花非花，是露非露，有其芬芳而无其气息，是以为佳"（《闲情偶记》）。明代，阿拉伯特产的高级香水"古剌水"传入了中国，据说，宫女们洗澡之后就用这种进口香水擦身。

慈禧太后在洗浴后，不仅要由宫女用花露轻轻拍遍全身，而且随着季节不同，所用的花露也有变化，冬天一般多用耐冬花露，夏天多用玫瑰花露。

香　泽

沐兰泽,含若芳。

——战国·宋玉《神女赋》

　　古典美人的一头青丝，天天梳理时，都要利用芳香的头油——香泽来滋养，以防止头发枯干、断折。最流行的就是"桂花油"，这是可以自制的:用半开的桂花与清麻油一起拌匀,密封在瓷罐中,放在汤锅中用大火煮。然后把瓷罐在干燥处放十天,再开罐,把浸满香油的桂花用力挤出其油液,就得到成品。

　　另外,用兰草浸麻油制成的头油也很流行。以蕙草浸油,做成香泽,女性用来涂抹乌发,"香无以加"——香气最为浓烈,效果最好。

　　进口蔷薇露和土产花露出现以后,讲究的头油就以茉莉等蒸馏成的花露掺油,做成花露油。

表现女性梳妆的绘画里，梳妆台旁，常摆有带荷叶盖的小罐，这是头油罐。（宋·佚名《对镜仕女图》局部）

> 宫妆新剪彩云鲜，袅娜春风别样妍。
>
> 衣绣蝶儿帮绰绰，鬓拖燕子尾涎涎。
>
> ——清·尤侗《咏云肩》

她要盘出各种复杂的发髻、发环造型，香泽就相当于今天的"摩丝"，起着定型的作用。明末清初时代的闺中人，爱梳低垂的"燕尾"。这样硬挺的燕尾，尤其要靠大量头油来定型，低垂的尾尖则很容易把浓重的头油沾到衣领上。为此，兴起了扣戴"云

盛放梳子的专用漆盒,以及刷头油、分头缝等的用具。(西汉马王堆出土物)

葵花形银奁中预备着全套的梳妆工具和美容用品。其中,带荷叶形盖的银罐,及其下方的小银罐,用于盛放面脂、头油等化妆品。(江苏苏州元墓出土物)

画中三位美人，都在头后梳有尖梢低垂的一对燕尾，同时，在衣领处扣罩着云肩。（清·禹之鼎《女乐图》）

肩"的风气，美人们用各式的云肩罩在上衣之外。云肩这一精巧的衣饰，也就鲜艳在每一个明清美人的肩头。

妆　粉

　　《红楼梦》"平儿理妆"一节，很少见的，描写了一位美少年向女性献殷勤的动人场景。刚刚哭泣过的平儿要重新化妆，宝玉就陪在妆台前，替她一样样拿来精致的化妆品。这也让我们大开眼界，一窥昔日高档化妆品的奢侈气象：打腮的红粉，平时是灌注在天然的玉簪花苞里，然后放在密封性很好的宣窑瓷盒中。这是古代制香粉的一种特殊方法，把粉包在玉簪花苞中，天长日久，妆粉就会被玉簪花的特殊香气所浸透。

　　而平儿使用的胭脂，则是用香花露调制而成。这样的胭脂涂在脸上，效果是"香甜满颊"。

　　但是，这香粉，这胭脂，都是宝玉亲手制作的啊！满含着他对如水女儿们的一片无边的爱慕。

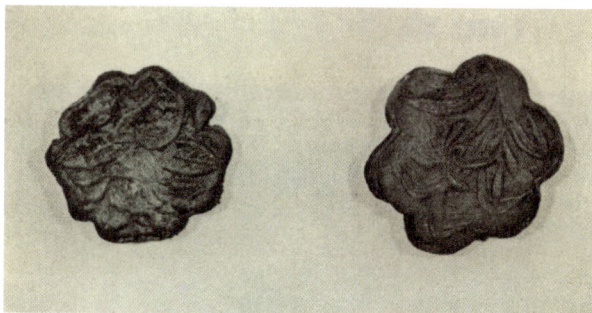

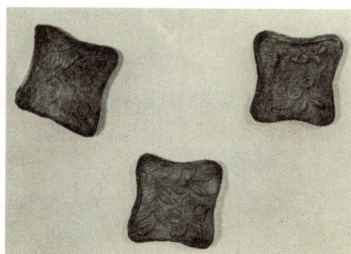

精致的粉饼，使用时，先研碎，再调以花露。（福建福州南宋黄升墓出土物）

珍贵的胭脂实物。在使用时，是浸在水中，然后利用其染红的汁水打腮、抹唇。（新疆东汉时期墓出土物）

彩绣粉袋。（新疆东汉时期墓出土物）

这件鎏金嵌宝鸟形双联豆，是专用于调胭脂的，出土时杯中尚有胭脂余迹。（西汉马王堆出土物）

画眉墨

香墨弯弯画，燕脂淡淡匀。

——北宋·秦观《南歌子》

画眉，是古代美人化妆程序中最重要的一道，她所使用的画眉墨，也一定掺有最珍贵的名香。据说，金代的章宗皇帝是个风流天子，他的妃嫔们竟然用"麝香小龙团"名墨来画眉。

《方氏墨谱》中设计的"画眉墨"样。

吴绛仙

对镜画眉。吴绛仙是隋炀帝时的美人，特别善于画眉。（明·佚名《历代百美图》）

口　脂

山枕上，私语口脂香。

——五代·顾敻《甘州子》

　　张生到达长安之后，曾经给他所恋念的崔莺莺送了几件小礼物，其中有"口脂五寸"。唐代的美人涂唇，流行用"口脂"，接近于今天的唇膏。口脂是蜡兑上名贵香料制成的，灌在竹管里

彩画漆圆盒里，仍然保留着口脂的残迹。（西汉马王堆出土物）

彩锦化妆品袋,出土时,胭脂等物品就盛在其中。(新疆东汉时期墓出土物)

保存,有着浓烈的香气。

　　五代词人韦庄和顾夐都有过这样的经历:在一阵热烈的缠绵之后,夜深了,在锦帐中,绣枕上,彼此倾情的人儿悄悄诉说着惆怅的心事。涂着朱唇的女子,樱口轻启,伴随着温存的话

鎏金"银罂"内的唐代化妆品遗存,应为面脂或口脂。(河南洛阳唐墓出土)

语,有她口脂的芳芬轻轻袭来。这私语,这轻香,日后成了词人们永远的回忆。

口脂易印吴绫薄。

——唐·韩偓《意绪》

那时,女子还会把涂有朱红口脂的双唇紧紧贴到手帕上,在这冷滑的薄绫上印下一对鲜红的唇印,送给即将离别的情郎。在她心中,她的全部情感与灵魂,都像那带有红唇印的薄绫帕一样,永远地属于了远行的人。

涂有浓艳腮红和口红的唐代贵妇。(新疆出土唐代绢画)

桂花吻

西门庆……向袖中取出银穿心金裹面(盒)盛着香茶木樨饼儿,用舌尖递与妇人。两个相搂相抱,如蛇吐信子一般,咂呜有声。

——明·兰陵笑笑生《金瓶梅》

如同今天嚼口香糖一样,古典美人常在口中含有香料制品,以便唇齿生香。到了明代以后,最讲究的"口香"是一种香茶饼子,用孩儿茶、嫩茶叶连同麝香、檀香、龙脑等多种贵重香料,以及桂花等香花,调上甘草膏、糯米糊,做成小饼。时髦男女身上都带着专门的香茶袋,装着香茶饼子,随时可以掰下指头大的一块含在嘴里。最流行的是掺有桂花的"香茶木樨饼"。

借助这桂馥悠远的香茶块,缱绻中的男女彼此传递着无言的欲望。在接吻时,一方会用舌尖把口中的香茶块递送到另一

一对情人。（明·王文衡绘《西厢记》）

方的舌尖上，一双舌尖就此互相舐弄，形成一个长长的缠绵的
热吻。

穿心盒

香茶往往盛放在穿心盒中。"穿心盒",是一种圆环式的小盒,可以上下开启。多情男女会把穿心盒系结到手帕一角,随身携藏在袖中,或者挂系在内衣的腰带上,就像随身携带着一段隐秘的欲望。也因此,这小小的穿心盒,往往被用做定情的礼物,由情人赠送给情人。由"穿心盒"的谐音,赠送者也是在表达着,自己的一颗心,已经被对方的魔力穿透,成为了爱的俘虏。

从金代齐国王墓中出土的穿心盒,挂在内袍的腰带上,依然沾满了香粉。(金代出土物)

鏨有花蔓纹的清代金质穿心盒,盒体的两瓣盖合之后即能从中心穿系绳索,打开则可内盛香茶、化妆品等物。

涂金银熏炉气象辉煌,是宫廷中的用器。(唐代法门寺地宫出土物)

熏　衣

藕丝衫子柳花裙,空着沉香慢火熏。

——唐·元稹《白衣裳》

梳妆已毕,婢侍为古典美人奉上各色锦绣衣裙。昨日,这些衣裙都已经平展在熏笼上,经过了长久的熏香。

服饰的气味香洁,从来都是闺阁中极为重视的一件事。衣服平日收贮在箱、柜里,都要放置"浥衣香"。这是各种香料合成的香粉,包裹起来放入箱柜,夹置在衣服中间,除了熏香衣服之外,还起防虫、防霉作用。到了清代以后,一般都是用樟脑来保存衣服,"浥衣香"不再流行。

不过,要让衣服有美妙的香气,最重要的,要靠"熏衣"这一道工序。熏衣,就是利用香料在熏烤中发出的香烟,把衣服熏得带上香味。这样一道工序,需要特制的熏衣香丸。这种香丸必须

在成群的侍女中,最右面
的一位,专门为主人捧着
熏笼。(隋墓出土物)

用蜜来调和诸香,不能太干燥,否则烧起来烟太多,有焦臭气;也不能太湿,太湿的香丸很难烧,一定要燥湿适中。

为了熏衣,还要有特制的熏笼。一般都是竹编的穹形圆笼,口朝下地扣在熏炉上,衣服摊开在熏笼上以受香。熏衣香丸烧起来也是极有讲究的,一定要微火慢燃,让散发的香气一点点浸润衣服。所以,熏衣最是消耗时光。熏毕,把衣服叠好收入衣柜放一宿,第二天再穿用,衣上的香气就可以保持好几天。

华丽霓裳摊开在熏笼上,静静接受着异香的熏濡,闺阁中于是终日弥漫着淡淡的香气,这情景深深打动了诗人们,在诗词中,他们一次又一次地吟哦着这一份日常的美妙。

手　炉

袭人……向荷包内取出两个梅花香饼儿来，又将自己的手炉掀开焚上，仍盖好，放与宝玉怀内。

——清·曹雪芹《红楼梦》第十九回

冬天，要靠手炉取暖，这时候，也要在炉内的炭饼上放一两块小香饼，在暖手的同时，也熏香了衣袖、襟怀。

冬日里怀捧熏炉的女子。
（清·吴友如《吴友如画谱》）

在端午这一天,图中女子将香袋系在斜襟的纽扣上。(清·吴友如《吴友如画谱》)

香　袋

白银条纱挑线四条穗子的香袋儿，里面装着松柏儿、玫瑰花蕊并跤趾排草，挑着"冬夏长青,娇香美爱"八个字。

——明·兰陵笑笑生《金瓶梅》

　　各种芳香的饰品,对于那人儿来说,也是片刻不可分离。香囊,也被叫做香袋,始终是最流行的佩带饰品,除了常见的锦、纱囊外,还有华贵的金、银香囊,甚至用银丝穿珍珠制成的珍珠香囊。

　　随着异国名香大量进口，人们把多种名香加工成香末、香丸、香球,以及香花香草,盛放在绢袋、纱袋里。绢纱的香袋,可以直接佩在身上,也可以放入金、银、珍珠香囊中佩带。宋时,也常将香末盛在薄纸小袋内,使用时把如此的小纸袋置于香囊之中,这就可以很方便地随时更换香囊的内容。

少女把香袋系在裙带上,被外衣遮掩。但是,在舞蹈当中,衣襟掀起,显露出衣底的秘密。(河北宣化辽墓壁画)

绣春囊

忽在山石背后得了一个五彩绣香囊，极其华丽精致……这痴丫头原不认得是春意,便心下盘算:"敢是两个妖精打架?"

——清·曹雪芹《红楼梦》

香囊是贴身的私密之物,挂在衣襟内,只有亲密的人才能接触到。于是它被赋予了另一种妙用——"绣春囊",在囊面绣上男女交欢的图案,彼此试探心意时,它足以有效地挑拨起对方潜伏、压抑的欲望;到了佳期相会之时,也可以照着绣样,共试奇趣。

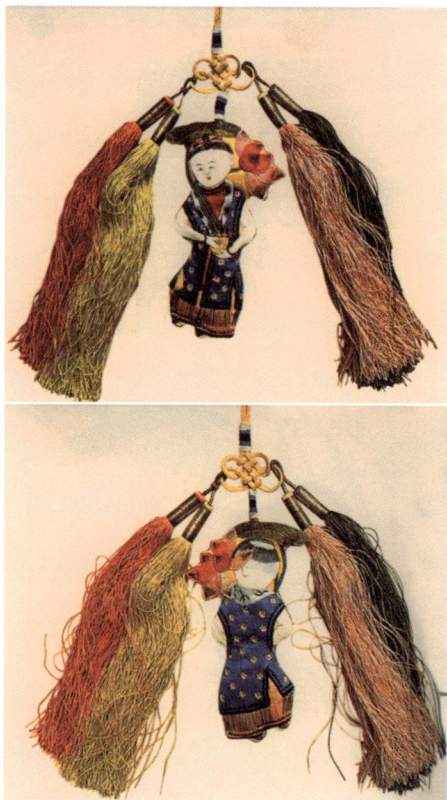

黄缎地堆绫绣婴戏莲香袋，内装有香料。（清宫中物）

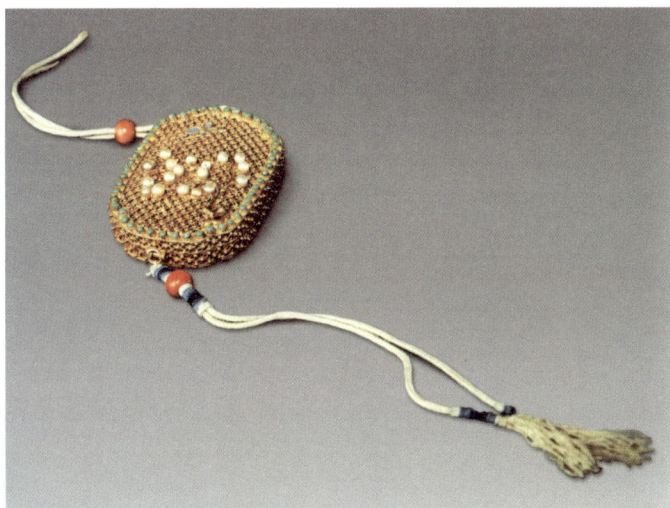

清宫所用金累丝香囊,镶有珍珠与绿松石。

香　串

腕动飘香麝。

　　　　　　　　——南朝·刘遵《繁华应令》

　　与香囊一样性感的,是香珠做成的手串。明人周嘉胄《香乘》一书中,记录了一种香珠串的制法,要把上等沉香、梅花片脑、龙涎等高级香料,用蔷薇水调和到一起,做成念珠佩带,这样的香珠串,是何等的贵重。

　　《红楼梦》中,元妃赐给宝钗的红麝香珠串子,正是这样的高档品。这隐隐散发高贵气息的红艳手串,套在宝钗丰满的腕儿上,映着如酥雪般莹洁的肌肤,让宝玉一时看怔了,忽然之间,他少年的心中,感受到了宝钗作为女性的魅力。

　　香串也可以系在胸前斜襟的第二颗纽扣上,作为一种挂饰。晚清名士王韬在《谈艳》中,讲述了一段亲身的风流情遇:他

清代新兴起一种优美的衣式——把上衣的斜襟裁成圆弧形。女性流行在斜襟的纽扣上系挂一串硕大珠饰,用贵重珠宝或香珠制成。(清·佚名《仕女图》玻璃油画)

清宫中贵重的伽楠香木嵌金寿字数珠。

曾经摘下腕上的名贵伽楠香串，赠给一度眷恋的名妓孙文玉，并且亲手把香串系到文玉胸前斜襟的纽扣上。四年以后，二人重新相逢，文玉胸前仍然系着那一串香珠，并且对王韬说道："见此如见君面。"

小小的、珍贵的香珠串，凝结着无数男女的情愫与惆怅。

香　扇

一扇香风摇不尽，人念远，意凄迷。

——宋·王安中《江城子》

　　其实，美人手边的一事一物，又有哪一样不是芳菲袭人呢。就是夏日离不开的扇子，也要用奇香雕成精美的小扇坠，吊在扇柄端头。还有用香木做扇柄的"檀香扇"，更豪华的扇子，是用香木雕成花鸟等浮雕图案，贴饰在扇面上。

　　据说，五代时，风流的蜀主孟昶用水调和龙脑末，涂在白扇上。他的妃子、美丽的花蕊夫人，是一

彩画木质小团扇。（新疆唐墓出土物）

持扇闲思的唐代贵妇。(唐·周昉《挥扇仕女图》)

位聪慧的女词人,某一个夏夜,蜀主与花蕊夫人一起登楼望月,不小心把这样的一柄扇子掉到了宫外的楼下,被百姓捡到了,于是民间刮起了一阵仿造的热潮。花蕊夫人手持过的这种精美扇子,被民间美称为"雪香扇"。

在一千年前的月光下,曾经有一位富于才华的女词人、雍容华贵的皇妃,在高楼上凭栏而立,款款挥动香扇,也许,又一首《宫词》,就在此刻酝酿而成。

香裹肚

乍解罗襟,便闻香泽。雪肤绛袜,交映有情。

——清·珠泉居士《续板桥杂记》

然而,一切又怎抵得那掩藏在层层衣饰之下的终极诱惑!

美人那一道贴身的内衣,"抹胸"、"肚兜"或称"裹肚",鲜艳

抹胸分有肩带与无肩带两种,此处的晚唐贵妇,就是围裹一件无肩带的抹胸,作为夏日的装束。(唐·周昉《簪花仕女图》)

围一件长长的鲜艳抹胸，然后再罩一件透明纱衣，这是唐宋闺阁中夏日的流行装束。到了清代，只有青楼女子才敢于如此穿扮了。（清·吕彤《蕉荫读书图》）

的底子上绣满华丽的花纹,夏天用薄纱为料,冬天则用绉缎,还要以锦缎缘边。并且,无可抵抗的妩媚并不止步于表面:肚兜是带夹层的,在其中要贮盛一些麝香屑,或者阴干的玫瑰花瓣等香花香草。人儿一旦解开衣襟,不仅立即显露出艳丽的抹胸,与雪白的肌肤相交映,而且有暗暗的一缕异香悄然飘散,像是无声的召唤,在请求温柔的亲抚。

更有趣的是,潘金莲送给西门庆的生日礼物中有一件兜肚,"里面装着排草、玫瑰花"。这件男子贴身内衣,是在绸面与绢里的夹层之间装了些排草(一种进口香草)和玫瑰花瓣,穿在身上,自然就会散发花草的淡淡清香。可见,香兜肚在明清时代,在风流男女中是流行的时髦玩意儿,特别是为青楼女子所必不可少的装备。

香屐

兰房椒阁夜方开,哪知步步香风逐。

——南朝·梁元帝《乌栖曲》

裙下的金莲,更要保持香洁。

慈禧太后的洗脚水,按四季不同,使用不同的天然花草香料,三伏天用杭菊花放在水中煮沸,三九天则煮木瓜汤。用这种种香汤来洗涤,不仅可以让双足气息新鲜,而且有保健的妙益。

东汉彩锦织成履。
(新疆东汉墓出土)

穿着高底鞋的女子。(清·吴友如《吴友如画谱》)

　　古典美人的洗脚香水还有多种多样,比如,青楼名姬在洗足时,要向水中洒檀香末。另外,有一则"莲香散"方,据说是金章宗时的宫廷内方:用丁香、黄丹、枯矾末三味料一起研成细末,女性每天洗完脚后,将之敷在足上,坚持久了,有香入肤骨的奇效。

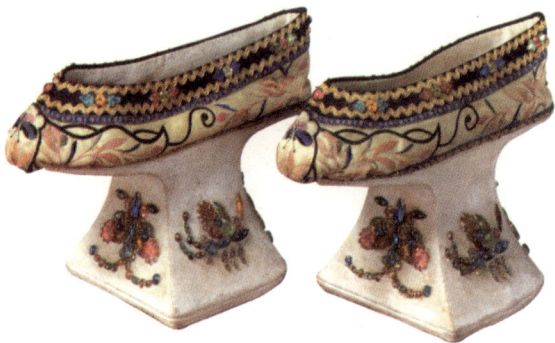

清代后妃所穿的马蹄高底旗鞋。

> 黄叶青苔归路。屧粉衣香何处。消息竟沉沉,今夜
> 相思几许。
>
> ——清·纳兰性德《如梦令》

莲步生香,香风步步随——这样诱人的说法,并不是文学描写的夸张。据说,相传为汉代张衡所作的《同声歌》中,"鞮芬以狄香"一句的意思就是,用外国进口香料"狄香"来熏香鞋子。实际上,历代都有各种方法来使得步履生香。明清时期的扬州等江南地区,绣鞋的鞋底都要用香樟等各种高级香木制作,称为"底儿香"。当时的女性不仅缠足,而且流行穿"高底鞋",也就是高跟鞋,让微露在裙底的鞋尖更显纤小。这种高跟也是用各

种香木削成杏叶、莲子、荷花等不同式样，外表还要用青绫包贴起来。

更讲究的高底鞋，是把鞋跟中间挖空，周围雕出玲珑轻巧的镂空花纹。在中空的鞋跟内装一个活动的小抽屉，这小抽屉同样刻出镂空花纹，在其中放一个小香囊。这样精致的散香高底鞋，被文人雅称为"香屧"或"画屧"。女性穿着如此"香屧"，走到哪里，哪里就有暗香从鞋下散送，溢出裙底。也曾经有女性，把鞋跟的底面做出镂空的花纹，镂花采用莲花等花卉纹样，然后，在中空的鞋跟内装满香粉。这样的"香屧"一路行过，会有香粉从鞋底的镂花中点点泄落，在地面上现出莲花之类的花纹。

此等"香屧"首先在明代女性中出现，入清之后，满族女性的旗鞋同样采用花盆底、马蹄底等高底，于是，也有八旗女子利用花盆底、马蹄底制作洒香之鞋。

伊人所过之处，会留下一个个花纹玲珑的足印。尽管她人去远了，但这一串香鞋印却成了告密者，无声地指示着她的去向，也撩拨着多情人的心弦。

美人爱花更惜花。(明·陈洪绶
《拈花仕女图》)

香之食

　　古典美人不大爱吃东西。常常的,她们每餐只吃小半碗茶泡饭,配几缕小咸菜——爱的是那好茶与稻米的天然清香。

　　这样的人儿,对于以香花、香料入馔饮,自然就特别地钟情。因此,闺中最欣赏含芳撷英之味,也最善于把种种香品,化成道道珍馐,让袭人花气在唇齿间徘徊萦绕。

清晨,采下带露的鲜花。(明·仇英《人物故事图册》)

兰蕙薰肴,椒桂沁酒

蕙肴蒸兮兰藉,奠桂酒兮椒浆。

——战国·屈原《九歌·东皇太一》

把天然香料调入饮食,以增其佳味,这样的做法,从来就是古代女性代代相传的绝艺。《九歌·东皇太一》就提到了四种最重要的香料用于烹调的方法:把蕙草拌到带骨肉中,垫上兰叶,然后蒸熟;用桂皮泡酒,以椒叶烹煮成饮料。古楚国的女子们精心制作这些食物和酒浆,把它们虔诚地奉献给神灵,今天,我们似乎仍然能够闻到那从远古飘来的阵阵诱人芳香。

玫瑰蒸糕,藤萝作饼

　　最迷人的一定是玫瑰糕与藤萝糕吧。每年暮春四月,花盛之时,将那刚刚盛开过、尚未凋谢的藤萝花与玫瑰花剪下,将花瓣洗净,加白糖、脂油丁拌匀,蒸成千层糕。如果入炉烙熟,那就是外焦里软、热香可口的玫瑰饼、藤萝饼。玫瑰糕浓艳腴腻,藤萝糕芬芳清冽,遥应着闺中人面上三分春色,心中一片春情。

唐代的千层糕。(新疆唐墓出土物)

有庭院处，必有藤萝架。（清·佚名《汉宫春晓》）

爱梅。(明·佚名《千秋绝艳》)

牡丹拌生,落梅添味

南宋的宪圣吴太后,最是嗜花之人。她生活清俭,而且不喜欢杀生,因此日常多吃拌生菜,总是让宫人从皇苑中采摘来牡丹花瓣,掺在其中以调味。冬天,则用梅花来拌生菜,宪圣太后的惜花之心竟到了如此细致的地步——只许采集梅树下的落英来入馔,而不许惊动枝头清放的蓓蕾。

摘牡丹，采玉兰，一庭花光入春盘。（清·陈枚《月曼清游图册》之一）

炸玉兰,煎玉簪

这位太后对牡丹花的另一种品尝之法,是将牡丹花瓣裹上稀稀的面糊,入油炸酥。这一妙法,也正是闺中花馔的千古绝唱,无数个春天里,都有缤纷的玉兰花、栀子花、玉簪花,被纤纤素手从枝头摘下,分成单瓣,裹上调了甘草水或糖的面糊,入油微炸,化身成酥脆的美点。大自然的无限春光,竟变做盘中奇珍,足以让人神清意远,一涤俗肠。

冬闺小宴。(清·陈枚《月曼清游图册》之四)

桂花伴鲊,椒蕊佐鱼

　　闺阁中,即使食荤,也要香花来添增清味。比如西门庆家里,由擅长烹饪的孙雪娥统管的内厨房,做出的"木樨银鱼鲊",竟是用桂花来为熏银鱼调味。清代王府中的特色菜"煎串黄花鱼"一定要拌以鲜花椒蕊,这样的鱼肴备受福晋、格格们的青睐。至于菊花火锅,就更是流传广远了。

荷香深处亲采莲。(清·焦秉贞《仕女图册》之一)

荼蘼入粥,荷叶为羹

　　闺阁里的一粥一饭,也每每要借助花香的韵致。做粥时,可以用鲜牡丹花瓣散入粥中,做成"牡丹花粥";加入荼蘼花,就是香美的"荼蘼粥"了。在刚煮熟的白米粥上覆盖一张大荷叶,让荷叶的清气与碧色融入粥中,又是哪一个老北京的主妇所陌生的呢?

　　灵慧的玉钏为宝玉亲口尝过的"荷叶羹",也是让新荷叶的清香渗入汤中的花形面片而成。这一道精细无比的汤羹,宝玉却不过尝了两口,然后就把汤碗碰翻了——因为他的心神此刻飞驰到一位其实不曾见面的"琼闺秀玉"那里。碰翻了汤碗,却又使得这位多情公子的心思转回到了玉钏儿身上,担心她被烫痛。珍奇的美味,倒在不经意间被冷落和遗忘。怡红院中的暖人风光,往往正是这生活的丝丝细微处,闪烁出一派意远情长。

茉莉酿酒，玫瑰蒸露

即使闺中饮酒，也是充满花香的。《金瓶梅》中，女眷们就常饮茉莉花酒。这酒的造法可清雅得很呢：把好酒盛在瓶中，不要盛满，酒面距瓶口保留二三寸的距离。然后，在瓶口撑架一个十字或井字形的竹架，将新摘的数十朵茉莉花系在这竹架上，悬垂到离酒面约一指的距离，再予以密封。十几天后，喷鼻的"茉莉花酒"就造成了。

不过，《金瓶梅》中富商的奢侈，可难比《红楼梦》中侯府的高贵。怡红公子出于对如花女儿的至深痴情，竟把珍贵的皇家贡品"玫瑰清露"送给了美丽无辜的五儿。

这花露的来路可不一般。它的制造方法，乃是取经于阿拉伯世界制造香水的蒸馏工艺。在宋代，这一工艺首先传入了广州地区，然后逐渐流传开来。用蒸馏工艺制作"花露"，在明清非常流行，而且贵族门第中都是讲究闺中人亲手自制。

图中为明清时代蒸馏烧酒的设备，彼时蒸馏花露之器正是采用同样的形制，只是在尺寸上加以缩小。（清·佚名《造烧酒图》）

　　把鲜花与适量的清水一起放在木、锡或砂的甑桶中，甑顶扣合一只圆穹形的罩盖，并加以密封。甑桶内壁上设有一圈汇集蒸馏液的环槽，并在此处接出一根导流管。把甑架在灶上，用大火蒸，水的蒸汽携带着花朵受热释放出的香精，一起冲到顶盖上，在顶底凝结成水，再沿着穹形的盖壁四向流下，落入环槽，然后沿导流管流出甑外。这，就是"花露"，也称为"香露"。

　　花露是重要的化妆、美容用品，但在中国，也同时成为了受

洗花入酒。（明·陈洪绶《蕉荫酌酒图》）

蔷薇障上群花争艳,随时可以采
摘下,蒸制花露。(清·陈枚《月曼
清游图册》之六)

珍视的饮料、调味品。明代的《养小录》中，列举了三十几种可以蒸香露的花、叶，并且指出，香露无论是入酒调味，还是作为代茶的饮料，或者作为香甜剂做点心，都非常清新宜人。

《红楼梦》中的两种香露"玫瑰清露"和"木樨清露"，可以兑上凉水，作为夏天的冷饮，喝下后让人头目清凉。而李渔在招待客人的时候，总是吩咐他的爱妾制作一种花露拌饭，最让人垂涎：当米饭刚熟的时候，用一杯花露浇到饭上，盖上锅盖闷一会儿，然后拌匀，盛碗，其效果是普通米饭带有了异样的花香气，变得仿佛什么珍奇食物一般。据李渔的经验，最好是用蔷薇、香橼或者桂花的花露，而不要用玫瑰露，因为玫瑰露的香气特点鲜明，很容易让人品尝出来。用其他的花露，吃饭的人只觉得饭香异常，但不容易猜出是哪一种花香。这样一种以花香佐饭味的方法，实在是非常高妙的创举，把普通的饭食做得意韵清远，让日常生活有了无尽的佳趣。

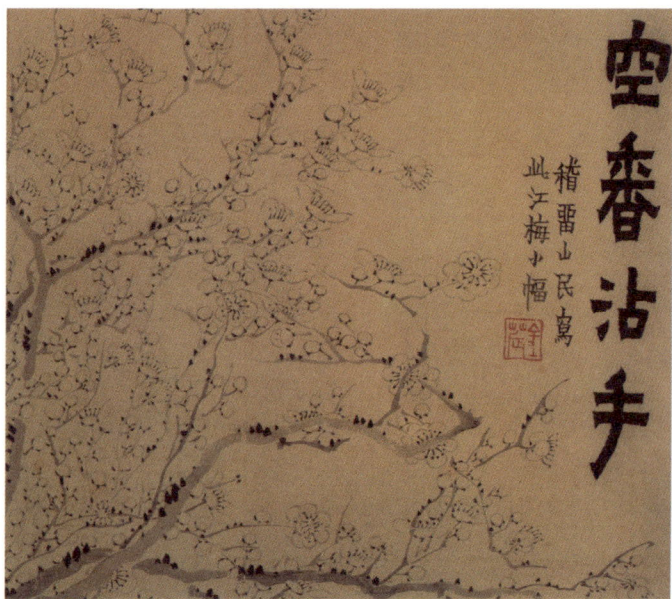

空香沾手。（清·金农《墨梅图册》）

汤浮暗香,茶烹寒雪

实际上,闺阁中制作花香饮料的门道,令人不能不赞叹其巧绝:比如,把半开的梅花蕾摘下,拌以炒盐,密封在瓷瓶里,到了夏天,在茶碗中放一点蜜,再放进去三四朵梅花蕾,用滚水一冲,花蕾立刻绽开,如怒放在枝头的花葩一样新鲜。以之来代茶,心神为之一清。此饮有一极诗意的名字:"暗香汤",显然是从咏梅的名句"暗香浮动月黄昏"而来。

茉莉汤的做法更奇巧:在一只茶碗的碗底中心厚厚涂一层蜜;然后,把茉莉花盛在另一只茶碗中,再将涂蜜的碗倒扣在这盛花的碗上,让茉莉花香熏润碗底之蜜。半天之后,把蜜碗摘下,直接冲入热水,就会得到一碗香洌的甜饮。

然而所有这一切的刻意精心,都抵不过妙玉的那一盅茶来得高雅。这个孤介、冷傲的出家女子,竟然会细心扫下梅花上的落雪来烹茶,细细品来,那茶水轻淳无比,如"冷月花魂"一般的林黛玉,一时都悟不出其中的奥妙。

出佳肴以宴客,奉香饮而酬宾。(清·焦秉贞《仕女图册》之三)

画中的闺秀，正在指导侍女们调制梅子。（明·陈洪绶《调梅图》）

独处禅庵的妙玉,画前左下方是煎茶的各种器具。(清·改琦《红楼梦图咏》)

酿花成饧,蜜意成忆

　　古典美人钟情于香饮花馔，更倾情于亲手制作这样的饮馔，为了意中的卿卿。冒襄就无比感伤地追忆，因为自己喜欢吃

娇艳的秋海棠花,经董小宛的手,化为香饧糖。(清•恽寿平《花卉图册》)

甜食,尤其喜欢与朋友一起共享美味,董小宛便精心制作各种各样的奇巧甜品。那做法真是有着道不尽的魅力:她会先制作半稠的饴糖,在其中和上盐腌梅卤汁;然后,把色艳、香怡的各种鲜花朵,投放在这饴糖中浸渍。即使浸上一年,糖中的花朵也依然香、色不变,仿佛初离枝头一般,而花瓣中所含的汁液则渐渐融入糖饴之中,这样得来的酿花饴糖,"奇香异艳","入口喷鼻",乃是难以想象的美食境界。董小宛把秋海棠、梅花、野蔷薇、玫瑰、桂花、干菊花,乃至黄的橙、红的橘、佛手、香橼的肉或皮,一一制作成香糖,在冒襄饮酒之后,一下端出几十只小白瓷碗,各色娇艳的香花香果浮动在白瓷映衬的饴糖凝露中,其美妙动人,宛如天堂中的珍馐。

琼宫玉阁。（元代螺钿残片）

香之居

　　那些曾经伫立在时光中的丽殿华堂,那些曾经沐浴春风秋雨的宫苑花院,多少欲望在其中流转,多少情事在其中如花缤纷,同时,又有多少名香在其中销身殒魂,偷化做暗霭缕缕,正如那些缠人的闲愁,徘徊在这一处处人间的情天恨海。

薰　阁

高阁浮香出,长廊宝钏鸣。

——唐·李百药《寄杨公》

　　无尽的奢侈,都被奉献给了古代的锦台绣殿。据说,盛唐时,长安富室王玄宝盖了一座高阁"含薰阁",阁中用银镂三棱屏风来代替墙壁,在屏风的镂花银棱中暗装香槽,使得香气不

清代皇宫中的大薰炉。

在华堂中，用木雕隔断及隔扇门形成暖阁，在其中放置炭盆、熏香果盘，温暖而清香，冬天便被远隔在外面。（清·陈枚《月曼清游图册》之三）

断从镂孔中散出。五代时期,南汉开国皇帝刘龑建了一座"南薰殿",殿中的二十四根柱子一律中空,柱身雕满剔透的镂空花纹,柱下的石础中则安放香炉。把藏在柱础里的一个个香炉点燃,殿柱就会自下而上处处飘散香烟,整座大殿随之香云蔼叇。

　　在宋代,也有人制作过"沉香暖阁"。暖阁,是在一处宽敞的大室内空间中,用雕花木隔断等构件围隔起来的小房间,在冬天便于保暖。沉香暖阁的木隔断则做成中空的夹层形式,并且朝内的一面布满了镂空雕花,最下边安有抽屉,在抽屉里放上点燃的篆香,暖阁中便终日气息芬郁。暖阁前后都挂有厚重的锦绣垂帘,让香气不至散泄。

翠 帚

安排诸院接行廊,外槛周回十里强。青锦地衣红绣毯,尽铺龙脑郁金香。

——五代·花蕊夫人《宫词》

美丽的才女花蕊夫人描述了西蜀宫苑中,风流天子的惊人奢侈:皇苑中的十里长廊,都铺设着青锦地垫、红绣地毯,上面还遍洒龙脑香、郁金香这些名贵的进口香料。据说这是唐代宫廷开启的做法,在皇帝所将要御临之处,事先都在地上抛洒龙脑等名香的碎屑,用以避除秽邪。这样满地洒名香当然很浪费,于是,还相应地发明了回收再利用的办法——孔雀的翠尾对于龙脑有很强的粘附力,于是,宫中就用孔雀尾羽扎成金碧璀璨的扫帚。天子走到哪里,哪里就向地上抛洒龙脑;等皇上一走,再用那闪着金翠斓纹的孔雀尾扫帚扫地,龙脑末都能沾聚到这

神仙队列中,一位女仙走在天帝身边,手持一柄孔雀尾羽的扫帚。
(宋·佚名《朝元仙仗图》局部)

回廊连绵，连接起一处处宫院。（宋·佚名《碧梧庭榭图》）

翠帚上，然后就可以收藏起来下次再用。

这香屑洒满的道路，承载着多少的宫怨！在冷宫中煎熬凄凉岁月的宫妃，日日盼望着天子的幸临。忽然，有人在冷宫前的道路上洒下香末，阵阵的香气，宣告着皇帝行将驾临。远远的，皇辇来了，从冷宫前经过，去了邻院，那里，有着新入宫的如花美人。孔雀翠帚一下下扫在满地的碎龙脑上，也扫在失宠人流泪的心上。

花　园

　　花园是最危险的地方！纯情的少年书生和娇柔的千金小姐，一次次在这里相遇，从此失去了清水般的心境，注定成为无穷无尽的爱与恨的祭品。

　　这爱的陷阱，也同样地逃不脱香气的征服。面对着花，柳，春天的早晨与秋天的黄昏，又岂能没有芬芳的相伴。

　　据宋人陶谷《清异录》记载，五代时的风流名士韩熙载有"五宜"说：在桂花下宜焚龙脑；荼蘼花前宜焚沉水；赏兰花，则焚四绝香；含笑花最适合麝香；栀子花宜配檀香。明人文震亨《长物志》中则言，在花园中焚香，最适合用木鼎形式的香炉，放置在露天的山石间，更显出返璞归真的野趣。

在花园中梳妆的仕女，不知为谁在此流连。（明·仇英《仿宋人画册》）

在园林的山石上，古鼎静送烟缕。（明·陈洪绶《高隐图》）

翠　屏

双双蝶翅涂铅粉，咂花心。绮窗绣户飞来稳，画堂阴。　　二三月、爱随风絮,伴落花、来拂衣襟。更剪轻罗片,傅黄金。

——五代·毛文锡《纱窗恨·咏蝶》

花园中的蔷薇架、荼蘼架、木香棚,是一道道花架的屏障围起一方幽秘的天地,架上花繁叶茂,最能卫护起幽期与密会。有一种"翠屏香",正适合在这缠满翠绿藤蔓和纷繁花朵的翠屏间焚熏。

还有一种"蝴蝶香",燃放的芬芳特别招徕蝴蝶,春天在花园中点燃起来,蝴蝶会寻香翩翩而至。古典美人是爱在花园中对月焚香的,从崔莺莺的际遇来看,月下生起的细细烟缕,引来的往往不止是蝴蝶……

独立在蔷薇花障前的宫妃。(清·佚名《深柳读书堂美人图》)

扬起扇儿扑彩蝶，是艺术文学所喜爱的主题。（明·陈洪绶《扑蝶图》）

翠屏花障连绵曲折。（明·王文衡《琵琶记》）

如此深入人心的情节——莺莺对月焚香，暗祈幸福，此时，"幸福"就藏身在山石后。
（明·王文衡《西厢记》）

青瓷香熏布满镂空花纹，芬烟就从镂孔中散出。（北宋墓出土物）

画　堂

画堂深处麝烟微。

——五代·顾夐《临江仙》

　　一切的有情,最终成就于那些豪华的卧室,往往被称为"画堂"的娇闺绣阁。在画堂的各个角落,都有神秘的芬蔼飘浮氤氲,相助人性如花开放,爱欲奔腾如流。

即使不焚香的时候,炉内也要保留一点微火,保持炉灰干燥。同时,在炉上罩一只纱罩,以免炉灰经风吹洒,四处飘散。古典生活就是这样精心、细致。(清·禹之鼎《王原祈艺菊图》)

香　炉

　　玉炉烟,红烛泪,偏对画堂秋思。眉翠薄,鬓云残,夜长
衾枕寒。　　梧桐树,三更雨,不道离情最苦。一叶叶,一
声声,空阶滴到明。

——五代·冯延巳《更漏子》

　　谁能说清,有多少精制的香饼焚身在画堂的香炉中。随着
所散香味的不同,这些香饼各个获得了诗意而传神的名字,如
藏春香、出尘香、春宵百媚香、逗情香、江梅香、杏花香……从这
些香名,我们也可以想象,画堂中无数热烈的、幽秘的夜晚,无
数相思的、情渴的白昼,是何等的旖旎撩人。

清代葵瓣式漆香盒。

金香匙、金灰箸,以及盛置它们的金瓶,闪烁着皇家独具的奢侈。(明定陵出土物)

炉瓶三事

与香炉配套的器具，有香盒，专门用以盛香饼、香球。

香炉中的微火要随时加以调理，这时需要靠火箸拨动炉灰，间或还要在炉灰中戳出孔眼，以通空气，免得炭火由于缺氧而熄灭。香匙有铲灰等功用，匙面一般都做成平片状，用于压平炉灰的表面。香箸、香匙多为铜或银质，也有以金做成的，插在专配的瓷瓶中。

香炉、香盒、插有匙和箸的瓶，成了焚香的配套器具，在一起不能分离，通称为"炉瓶三事"。美人的清闺总是焚香不断，于是，在传统美人画上，闺阁中总是有"炉瓶三事"，以及专门放置这"炉瓶三事"的高香几。它们永远会现影在古典美人的附近，就在她身旁。

在图右部，美人的身后，特制的香几陈设着炉瓶三事。（清·杨柳青年画）

添　香

东风歇。香尘满院花如雪。花如雪。看看又是，黄昏时节。　　无言独自添香鸭。相思情绪无人说。无人说。照人只有，西楼斜月。

——宋·周紫芝《秦楼月》

让香炉中终日微熏不灭，需要复杂的技巧，也为闺中女性所擅长。她们满含着心事，向香炉中拨灰、添香的身影，也深深印在了男性文人的眼光中。一缕香气从她的皓腕底升起，也许扯动了她的回忆，也许牵起了她的期盼。那寂寞的影儿里，谁知道有多少的思与怨呢。

添香、拨灰、整香的日常动作,被引入艺术表现。在这处壁画中,一位菩萨的动作,就是用纤指翻动香炉中的小香饼,让未经烤炖的一面向下,以发出香气。(山西朔州崇福寺金代壁画)

品　香

姬每与余静坐香阁，细品名香……我两人如在蕊珠众香深处。

——明·冒襄《影梅庵忆语》）

最温香暖玉的一章，发生在名姬董小宛和才子冒襄之间。才子爱香，佳人善熏香，于是这一对玉人最享受爱情的时刻，是在幽静小室内，共同熏炙绝品好香。二人留恋于"一香凝然"的妙境中，往往彻夜不眠。爱得情深意切，自古多有；但能爱得如此境界清雅，只怕千古难寻。

幽闺读书,炉香静伴。图右,特制的香几上,陈设着香炉与螺钿漆香盒。(清·佚名《深柳读书堂美人图》)

香山子

有一种堂皇，要远超出我们的梦想之外。从中唐时代起，兴起了一种特殊的工艺品：把整块香料雕刻成山峦之形，再加描金等装饰，承放在盘中，作为华堂上生香的摆设。据说后唐龙辉殿中陈设有一铺假山水，是用沉香雕成山形，蔷薇水、苏合油做池水，丁香等香草做林树，黄檀、紫檀镌成城郭的袖珍模型，再用白檀刻出人物。《长物志》也提到，名贵的伽南香，大块的可以有十五六斤重，这种大香块放在雕漆大盘中，陈设在室中，则满室奇香。

描金檀香山子。（陕西西安法门寺出土）

香 篆

玉娥重起添香印,回倚孤屏。不语含情,水调何人吹笛声。

——五代·冯延巳《采桑子》

在画堂中,时间都是芳香的,或者说,时间是在香气中流逝。在西洋钟表传入之前,流行一种"香篆"时钟,这是把特别调配好的香末,均匀倒入一种有连绵回环花纹的花范中,然后把花范在一只香盘中倒扣过来,猛敲一下范底,使得范内的香末齐齐落到香盘中,形成回环纹样,就是香篆,也叫香印。把香篆的一头点燃,它就会慢慢燃烧,由于香末的配方、香范纹路的长短都经过精心设计,所以,香篆从开始点燃,到完全燃尽,恰好需要一昼夜的时间。香篆范上都标有十二个时辰、一百刻的刻度,在打香篆时,这些刻度会倒印到香篆上,人们就根据香篆燃

"长春永寿"香印图。(明·高濂《遵生八笺》)

"寿算绵长"香印图。(明·高濂《遵生八笺》)

烧的程度来确知一天中的时辰早晚。

　　有一种水香印,更为奇妙:香末填入香印范子之后,把表面刮平,盖上一张纸。然后把纸连同香范一起倒扣过来,把香末敲落到纸上,这样,就在纸上形成一个香印。把托着香印的这张纸轻轻放到水面上,纸被水浸湿,会慢慢沉下去,但特制的香印却不会沉没,而是始终轻浮在水面上。把香印的一头点燃,就得到了漂在水面上、悄然散发芳香、花纹奇丽的"时钟"。

香橼盘

如此奢侈无度地挥霍香料,在我们看来,是神奇而令人艳羡;在古典美人看来,却是日常而又平常。最终,她们还对进口香料的浓郁气息感到厌倦了呢,焚香,在她们眼中,竟然渐渐沦为庸俗之举。大观园中的众美,对于闺房中焚香这一旧时尚,便纷纷表示不屑。

探春的秋爽斋在陈设布置上最为朗阔大气,那"紫檀架上放着一个大观窑的大盘,盘内盛着数十个娇黄玲珑大佛手",宣告了明清闺阁的新风气:用各种水果的清香来熏染室内的空气。最流行的还有香橼,用香橼、佛手熏房,一定要数量多,要有二十只以上,还能形成满室清芬的效果。因此,果盘也一定要大,最好是官、哥名窑或上好青花的大瓷盘,也因此就格外显得有气势。

慈禧太后的宫中,就从来不焚香,而是如秋爽斋一样,用水

在图右侧,美人的身旁,摆放着发香的佛手盘。(清·佚名《深柳读书堂美人图》)

在慈禧的画像上，也绘有大果盘，盘中的水果不是用于吃，而是发香。

果来"熏殿"。殿堂中专门设放五六只大缸，缸中盛满香橼、佛手、木瓜等香果实，每半个月更换一次。这些果子只是用来发香的，半个月后就撤下，而宫女太监们可以把它们作为一种特殊的恩赏分掉。她的贴身宫女回忆说，"太后的宫里永远是清新爽快的味儿。如果在夏天，气味透过竹帘子，满廊子底下都是香味，深深地吸上一口，感到甜丝丝的特别舒服。如果是冬天，一掀堂帘子，暖气带着香气扑过来，浑身感到软酥酥的温馨。"

还有什么比这清新的果香，更能反映出玉堂富贵的气势！

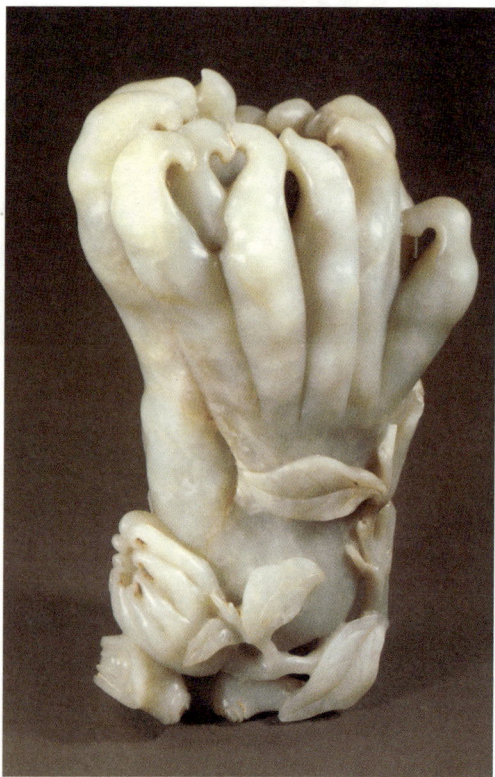

清代玉雕佛手。这种清香的果实，常常成为艺术表现的对象，装点着人们的生活。

锦　帐

罗衣羞自解,绮帐待君开。

——唐·郭震《十月乐游诗》

　　最是销魂的地方,在那密垂的锦帐内。种种的香息在这里竞吐兰麝,和吟成一首醉人的夜曲。

夜晚就寝前,锦帐中要加以熏香。(清·吴友如《吴友如画谱》)

芳　枕

梦里却成三色雨，沉山不敢斗清华。

——宋·陶谷《清异录》

情人们共享着芳香的枕头。

早在长沙马王堆汉墓中，就出土有一只"佩兰枕"，用华丽的茱萸纹锦和彩绣做枕面，枕中装满了佩兰，即古代所称的蕙草。这只香枕，让公元前后汉代王侯卧室中的那些绮靡夜晚，遗

马王堆出土的佩兰枕，
枕中填满了香草。

这件锦鸡鸣枕，用植物茎秆做枕芯，一对枕角均做成鸡头状，造型奇异。（新疆东汉时期出土物）

留下了一角残片。

　　《红楼梦》中，宝玉"靠着一个各色玫瑰芍药花瓣装的玉色夹纱新枕头"，与娇美的芳官划拳，小小的细节，让人倾倒于怡红院中生活的精雅。用天然植物的叶或花做枕心，是画堂中的普遍作风。唐宋时期，就有"菊枕"，是在秋天采集菊花瓣或山甘菊花瓣做枕芯，盛在纱或布的枕囊里。五代名士舒雅则自创一种"青纱连二枕"，是用荼蘼、木樨（桂花）、瑞香三种花的散瓣满满填充在青纱枕囊里，据说是非常的清香。当时有才子专为此枕写了一首诗，赞叹道：枕着这花芯枕睡觉，梦中会浮现三色花瓣化成的花雨，就是整块沉香做的装饰性小山，也难比枕中所

西汉双兽头镶玉鎏金铜枕,枕框为鎏金铜铸,四面镶嵌雕花玉板,枕内还填有香料——花椒。(河北中山靖王刘胜墓出土)

蕴携的大自然的余馨。

把一点真正的好麝香放在枕头中,据说,可以杜绝噩梦。有一种"玉华醒醉香",是用牡丹花蕊与荼蘼花一起用清酒拌润,然后阴干、捣烂后捻做饼子,再用龙脑敷在外表上作为"饼衣",这是专门用来放在枕头边的一种香,据说可以醒酒。

在明代宫廷中,干脆用特制的"枕顶香"来做枕头两端的枕顶。其制作要用檀香等二十味原料,以白芨作为黏合剂调在一起,再用专门的印范,脱模成为枕顶。

彩瓷香鸭。(明代烧制,江西景德镇陶瓷考古研究所藏品)

金　鸭

目断巫山云雨,空教残梦依依。却爱熏香小鸭,羡他长在屏帏。

——唐·和凝《何满子》

　　夜晚,帐中总是安有小巧的香炉,终夜燃烧不止。这种小香炉一般都做成动物造型,如狻猊、鸭、兔等等,往往是铜质镀金,因此美称为金猊、金鸭。

　　在热恋者的眼中,这种小香炉是让人特别羡慕的,在每个夜晚,它都幸运地陪伴在意中人身边,见证她的梦沉梦醒。晚唐诗人和凝在作品中就表达了这样的感情,对一位可望而不可即的美人的渴慕,让他忍不住羡慕美人帐中的鸭形熏香小炉,因为它永远地栖身在那温柔之乡的深处。

图右部，床帐一侧的小几上，放置着一尊香鸭。到了夜晚，它会被移到床帐中。（明·玩虎轩本《琵琶记》插图）

帐中香

窗窗户户院相当,总有珠帘玳瑁床。虽道君王不来宿,帐中长是炷牙香。

——五代·花蕊夫人《宫词》

床帐中所燃的香也是特制的,称为帐中香。据说,李后主宫中所用的帐中香制法流传了下来,是用大梨——鹅梨与沉香一起在火上蒸,让梨汁之甜香浸润沉香料,因此这一种帐中香又叫"鹅梨香"。可以想象,终夜氤氲在帐帷四垂中的,是何等甜腻温柔的气息。

画堂中的华帐用贴金装饰,是"销金帐";帐内的枕头也用贴金装饰,是"销金枕"。三面围屏上则裱有精美的山水花鸟画。(五代·顾闳中《韩熙载夜宴图》)

熏　笼

绣香熏被梅烟润,枕簟碧纱厨。

——宋·李石《乌夜啼》

　　就像水墨画中的皴法一样,古典睡帐中的香气,是层层叠加的,是一道又一道芬氲彼此交融,互相洇染的。

　　所以,在就寝前,被子也要放在熏炉和熏笼上加以熏烘,这样,一来可以让被子气味宜人,二来,在冬天,还可以让炉中炭火把被子烘暖,可说是一举两得。

泪湿罗巾梦不成,夜深前殿按歌声。

红颜未老恩先断,斜倚熏笼坐到明。

——唐·白居易《后宫怨》

美人所倚就是竹编的熏笼，熏笼下有一只鸭形香炉。(明·陈洪绶《斜倚熏笼图》)

　　熏被子时，熏炉和熏笼当然都要摆设在床上。于是，专门设在床上的熏笼，也成了闺阁生活必需的设备。女性们有时候会依在熏笼上，借着笼下熏炉中的炭火取暖。这一娇慵的形象深深打动了诗人们，由之，在古典诗词中，我们就看到了拥笼美人们的各种情态。

　　金鸭小香炉长驻帐中，引起了诗人们对于春宵美人的无限遐想；而残灯下冷闺里的熏笼，却让他们体会到了许多女性真

"小隔纱厨剪翠茸"——本画是在表现这一句诗意。用镂空的木隔断、连排木隔扇门围起一个小空间，隔断、隔扇门上全部糊以绿纱，就形成了"碧纱厨"，是古典美人避暑度夏的所在。（清·任熊《姚大梅诗意图》）

实的处境。有多少被离弃的孤独人儿，在长夜难眠之中，只能拥在熏笼上，从这无情之物那里，获得一点点温暖。

法门寺出土的涂金银香球,是唐代皇宫中的用品。关合后为球状,上下打开,则可看到其中的巧妙设置。

香　球

顺俗唯团转,居中莫动摇。

爱君心不恻,犹讶火长烧。

——唐·元稹《香球》

　　但是,在芳香温暖的被子下,还藏着一个神秘的香源,就像
鱼深潜在水底。在汉代,发明了一种"被中香炉",可以放在被子
中,终夜燃烧,而不会引燃寝具。后世则称之为"香球",其外壳
是个圆球,球壳上布满镂空花纹,以便香气散出。内部的装置则
巧妙地利用了重力原理,在球体内装置两个可以转动的同心圆
环,环内再装置一个以轴承与圆环相连的小圆钵。在小圆钵中
盛放上焙燃的小炭饼以后,无论香球怎样滚动,小圆钵在重力
作用下,都会带动机环与它一起转动调整,始终保持水平方向
的平衡,不会倾翻。因此,香球尽可放置在被褥间,即使它在推

打开圆壳，就可以向小圆钵内添加
炭饼和香丸。

碰下发生滚动，球中的圆钵始终保持水平平衡，钵里的炭料也
就不会倾洒出来，烫伤肌肤、灼燃被褥，而炭上香丸在静静熏炙
中发散的芬芳，却从香球的镂空花纹间不断散出，弥夜飘袭。长
夜中，温暖的被衾下"暗香袭人"，自有一种令人销魂的神秘情
味。

《金瓶梅》第二十一回中，写到潘金莲与孟玉楼到李瓶儿房

明代的铜香球。（中国国家博物馆藏品）

中，李瓶儿犹未起床，潘金莲伸手到她被下，便在"被窝里摸到薰被的银香球"。在这部欲流如洪的奇书中，香球也扮演了一个没有台词的小角色，它藏在被深处细吐芳麝，暗暗鼓动着男女间的云腾雨注。

屈曲屏风绕象床，葳蕤翠帐缀香囊。

——唐·王琚《美女篇》

巨大的雕花架子床如同一间小型密室,华帐四垂,围起其中的种种幽霭。(清·佚名《深柳读书堂美人图》)

这是另一件唐代香球。(陕西西安何家村出土)

　　唐人习惯于把香球叫做香囊。从那时起,也流行把带链的香球吊挂在床帐中,就寝之前,放入烧红的炭饼和香丸,香球就终夜喷吐芳麝。潘金莲就有着"一张螺钿有栏杆的床",是明清时代典型的闺阁用床,尺寸巨大,装饰繁复,如同一座小型建筑,"两边隔扇都是螺钿攒造——安在床里——楼台殿阁,花草翎毛;里面三块梳背,都是松竹梅岁寒三友。挂着紫纱帐幔,锦带银钩,两边香球吊挂"(《金瓶梅》第二十九回)。

　　　　微风暗度香囊转,胧月斜穿隔子明。

　　　　　　　　　　　　　　——唐·元稹《友封体》

　　古代的室内,常常用纸或纱糊的连排隔扇分割出一方独立的小空间,在唐宋时代叫做"隔子"或"阁子",作为卧室、书房之用。在这样的阁子里,也常用挂香球的方式熏香。

　　宋代贵妇对于香球,另外发明了一种用途,最具雅韵。据陆游《老学庵笔记》记载,北宋盛世之际,宗室外戚贵妇们在入宫朝谒时,乘车出行,都要由两个小婢各持一个香球随侍在两侧,贵妇本人则在双袖中把一个小香球悬挂在手腕上,据说,其效果是"车驰过,香烟如云,数里不绝,尘土皆香"。在袖中置

宋代贵妇的正式礼服均采用大袖，香球就藏在飘飘大袖中。

放一个香球，那可真是所谓"奇香生于袖底"了，可以想象，在
罗袖掩笼的皓腕下，时有缕缕芬香偷弥悄溢，那是何等撩人的
旖旎光景。

卖花人把花平铺在浅竹篮里,提篮到一家家门前,供闺中人挑选。(清·吴友如《吴友如画谱》)

茉莉吊挂

低悬麝帐，料素艳今宵生受。到更阑酒梦醒时，妙香徐嗅。
——清·懒云山人《百宜娇》咏名妓玉红所赠茉莉花球

明清时代，夏天，还时兴在帐中挂"茉莉结的香球吊挂"，也就是用茉莉花蕾串成的香球。到了清末，又进而发展成用铜丝把茉莉花、珠兰花等串结成鱼、花篮、飞鸟等奇幻造型。这些鲜花吊挂都是在当日现买，每天午后，卖花人便会提着花篮，走街串巷，把叫卖声送入一家家内宅。

茉莉花的奇妙之处是，在午后购买时，花还只是半开半合的状态；在把这鲜花吊挂悬到帐中之后，将近黄昏，如雪般的白花开始一起绽放，待到半夜，则完全盛开，把腻香一阵阵喷射向暗夜。

正因为茉莉有白天结苞、夜里盛开的特点，所以青楼女子

卧室的窗前,荷叶朵朵,散着清气。房后,红蕉花吐蕊盛放。庭中,梧桐树沐浴着月光。这
就是宋代的夜晚。(宋·佚名《桐阴玩月图》)

簪满茉莉花的女子。(清·吴友如《吴友如画谱》)

流行把茉莉花簪戴在髻上。在夜色深沉,而情欲浓热之时,茉莉白花悄悄盛开在发髻畔,如同乌云堆雪,于是,枕上竟是阵阵花香沁人。

　　金鸭香熏炉、浓薰的绣被、被底香球、塞满花瓣的纱枕,挂在帐上的香囊或茉莉花吊挂,连同女性的发香、口脂香、粉香,以及鬓边的簪花之香,一层一层的细细香息彼此重叠、交混,把一场夜色氤熏得浓烈而娇媚。身处其中,骨醉魂销;事过境迁,这如同香气一样来无踪去无由,缠绵而脆弱的帐中之夜,又怎能不让人意惹情牵,长忆终生。

永泰公主的宫女们，手捧各式梳妆用品，擎着灯烛，前去服侍公主夜妆，一起走过一千三
百年前的某个夜晚。（唐·永泰公主墓壁画）

缀　语

　　一切都已经随时光流逝,那一切随缘升起而后飘散的香气,一切在芬芳中催生的爱与怨,情与欲,一切如兰如麝的故事与身影。如今,我们回忆这一切,恍惚间竟难以相信这一场往昔的真实性。然而,所有的那些芳香都曾经是真实的,所有的那些情感和欲望也都是真实的,正像一年年的花开花落,成就了古典的画堂影深,闺意绵绵。

致　谢

　　本书中,关于穿心盒、香印及蔷薇露的介绍,均采撷自扬之水先生的研究结果,在此特别表示感谢和敬意!

上架建议:文化/随笔

ISBN 978-7-305-09664-8

定价:45.00 元